RELAX ART

Aus aller Welt

AUSMALEN & ENTSPANNEN

DIESES BUCH GEHÖRT ____________________

Die Ferien sind längst vorbei, der Sommer ist fern, und das Fernweh inmitten von Alltag, Büro und Arbeitsleben wächst ins Unermessliche? Mit diesem Malbuch für Erwachsene gehen Sie auf Weltreise und besuchen mit Buntstift und Fantasie die schönsten Orte dieser Welt. Ob die bunten Fenster des Kölner Doms, die blauen Dächer von Santorin oder die Grabzeichnungen im Alten Ägypten: Hier warten Motive und Orte aus aller Welt auf Ihre Farbauswahl!

Das Ausmalen von Formen und Mustern wird oft Kindern zugedacht, um diese zu beschäftigen und zur Ruhe zu bringen. Tatsächlich können Erwachsene die kindliche Faszination des Ausmalens zum Vorbild für das eigene Entspannen nehmen: Die Konzentration auf das Wesentliche, das Sich-Verlieren und Abdriften in eine tiefere Gedankenwelt ist beim Ausmalen ein bedeutender Schritt, um geistige und körperliche Entspannung zu erfahren.

Bringen Sie mithilfe gut gespitzter Buntstifte und mit ein wenig Fantasie Farbe auf die noch weißen Flächen dieses Buches. Sorgen Sie beim Ausmalen für Ruhe, legen Sie Ihr Handy beiseite, schalten Sie den Computer aus. Lassen Sie sich nicht ablenken von äußeren Reizen oder Geräuschen. Konzentrieren Sie sich ganz und gar auf die vor Ihnen liegenden Formen und Konturen, auf Ihren Stift und die Bewegungen Ihrer Hand. Lassen Sie Ihre Gedanken zur Ruhe kommen, tauchen Sie ein in die Welt Ihres Motivs. Werden Sie eins mit den Mustern auf Ihrem Blatt, verlieren Sie sich in Formen und Farben. Erfahren Sie, wie Sie durch das Ausmalen zur Ruhe kommen, wie der Kopf frei wird und Sie auf neue Art und Weise entspannen.

Gönnen Sie sich mit den 85 Motiven aus diesem Buch ganz bewusst diese farbige Auszeit, und besuchen Sie Neuschwanstein, die Paläste Venedigs oder die Hagia Sophia in Istanbul. Träumen Sie sich aus Ihrem Alltag heraus und hin zu Ihren Lieblingsorten.

NORGE 60

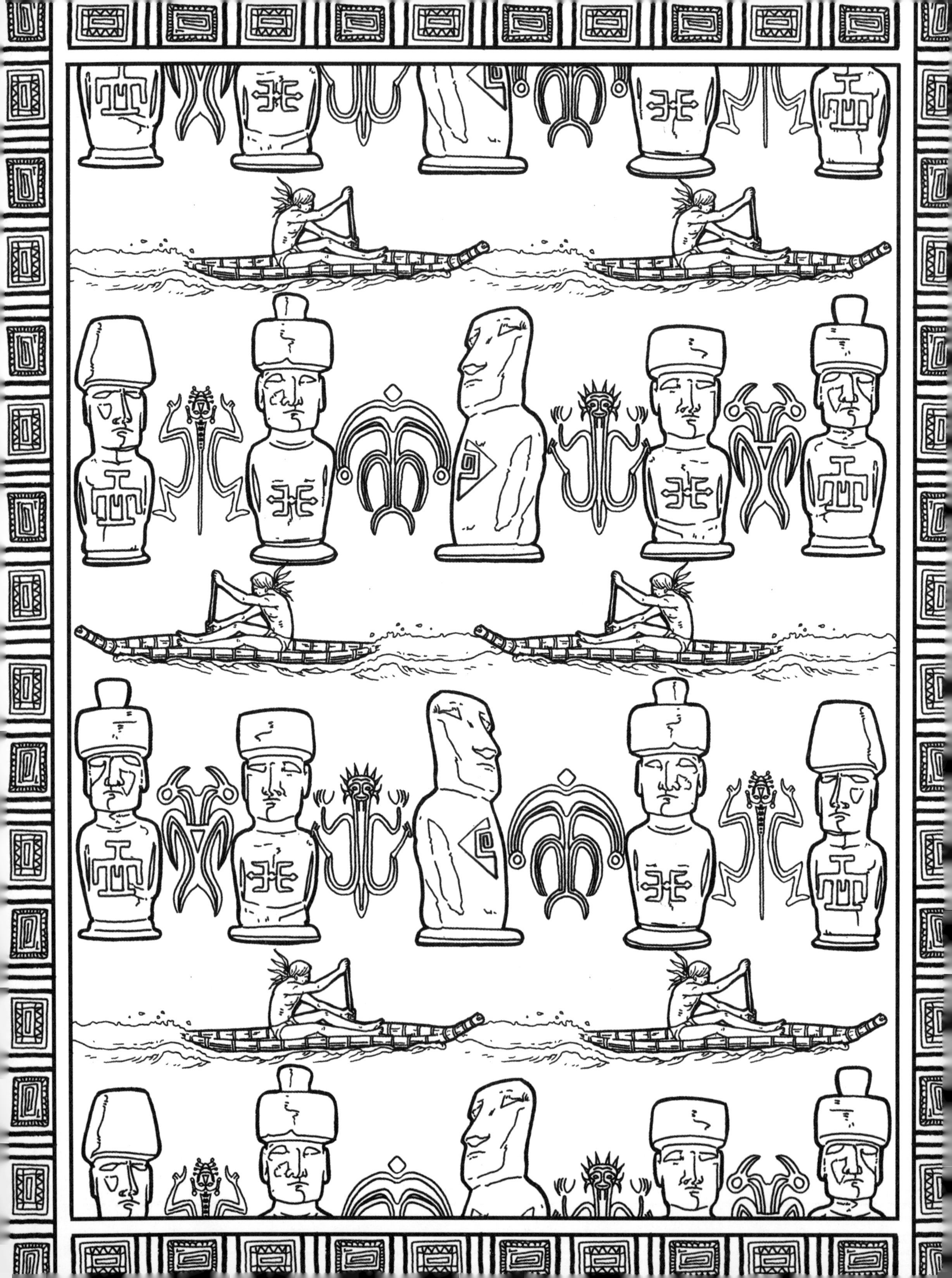

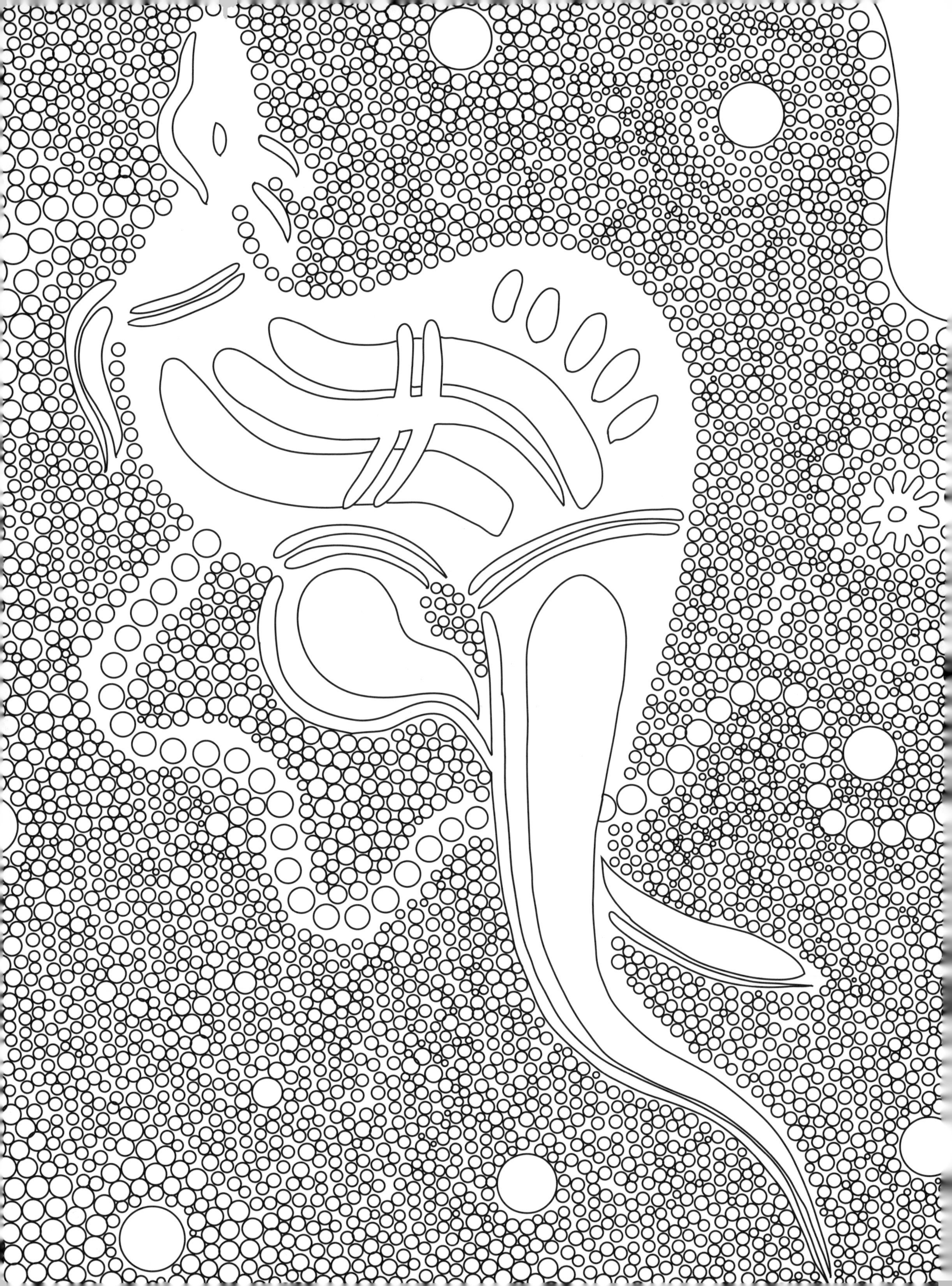

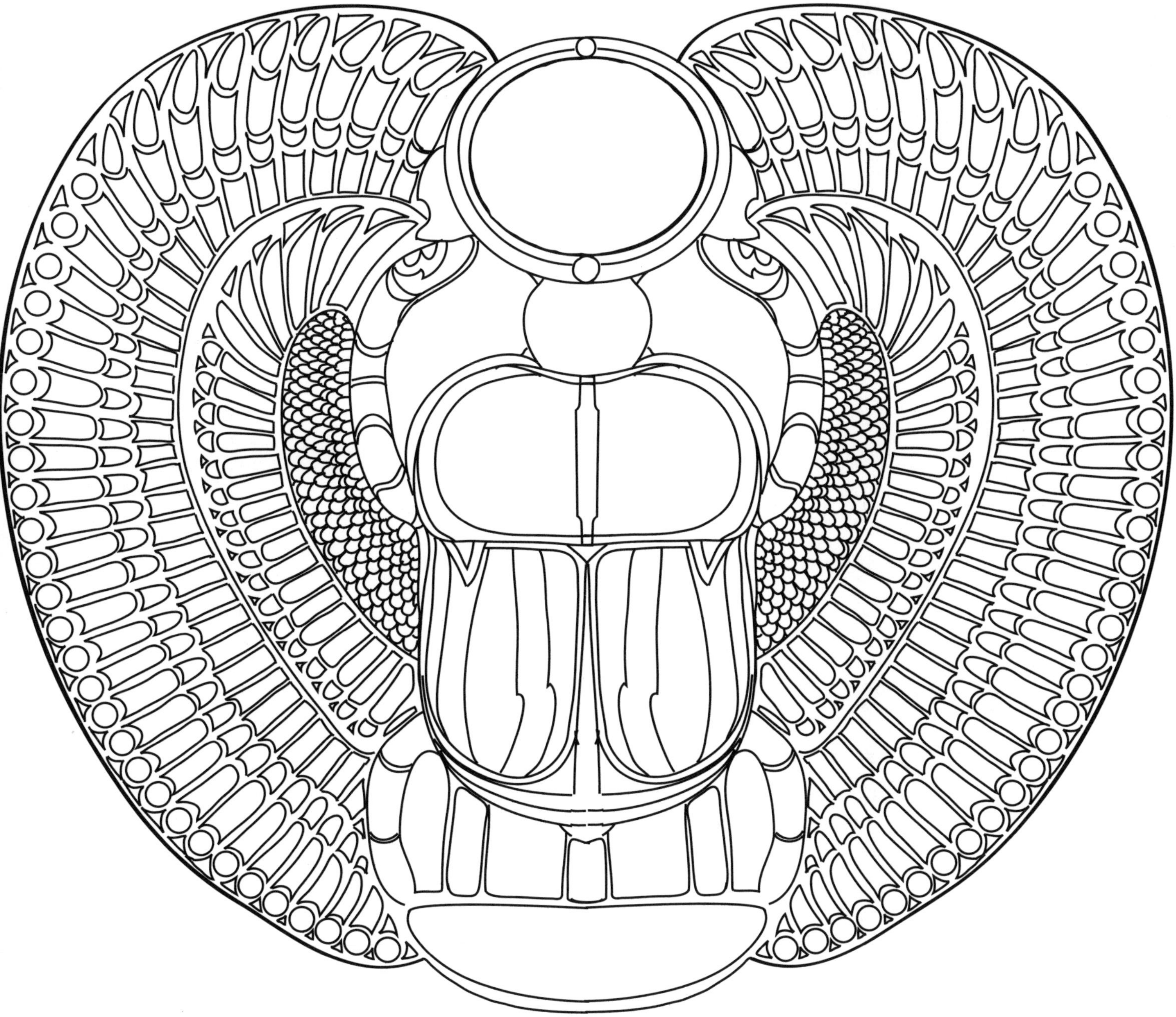

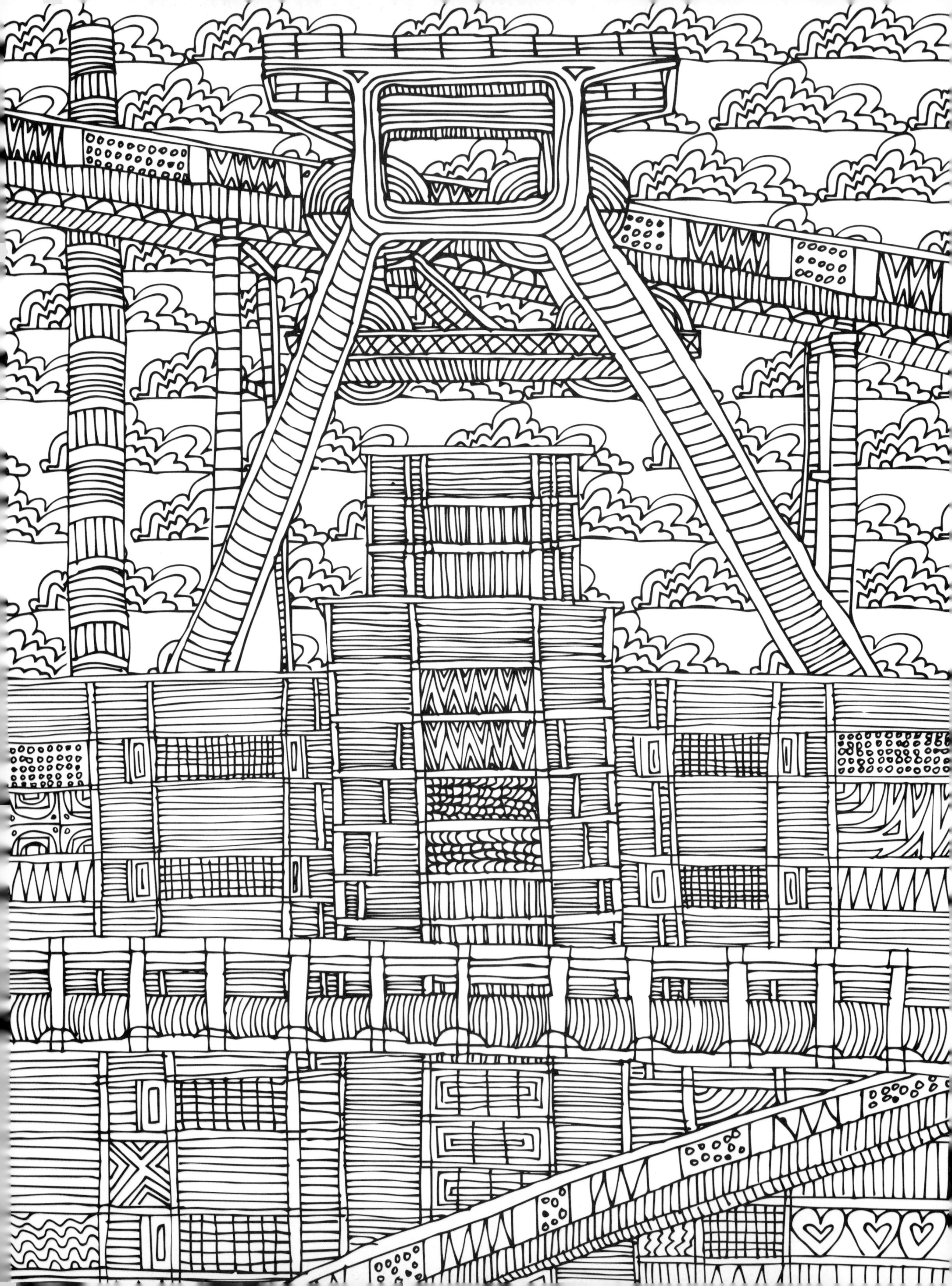

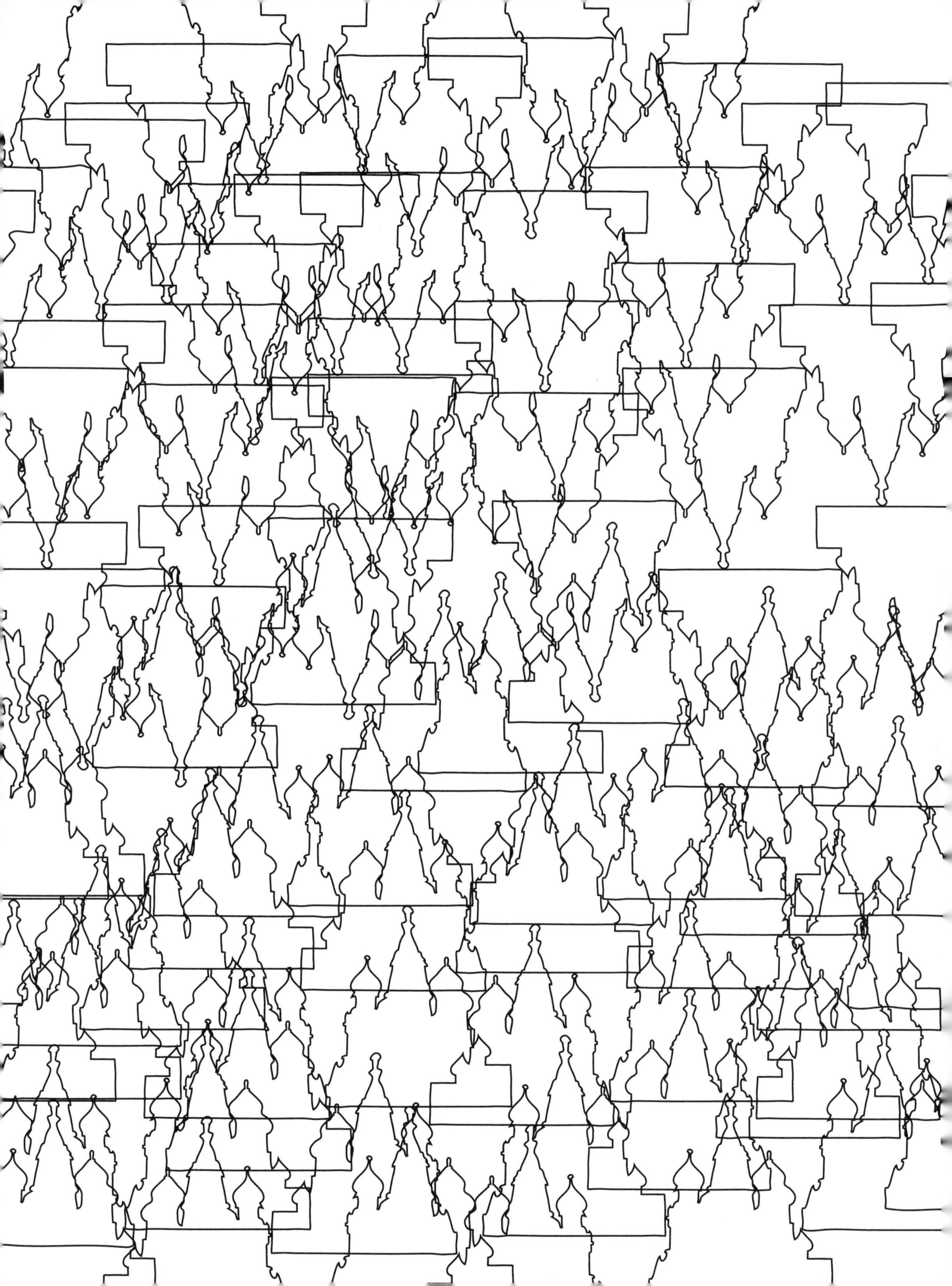

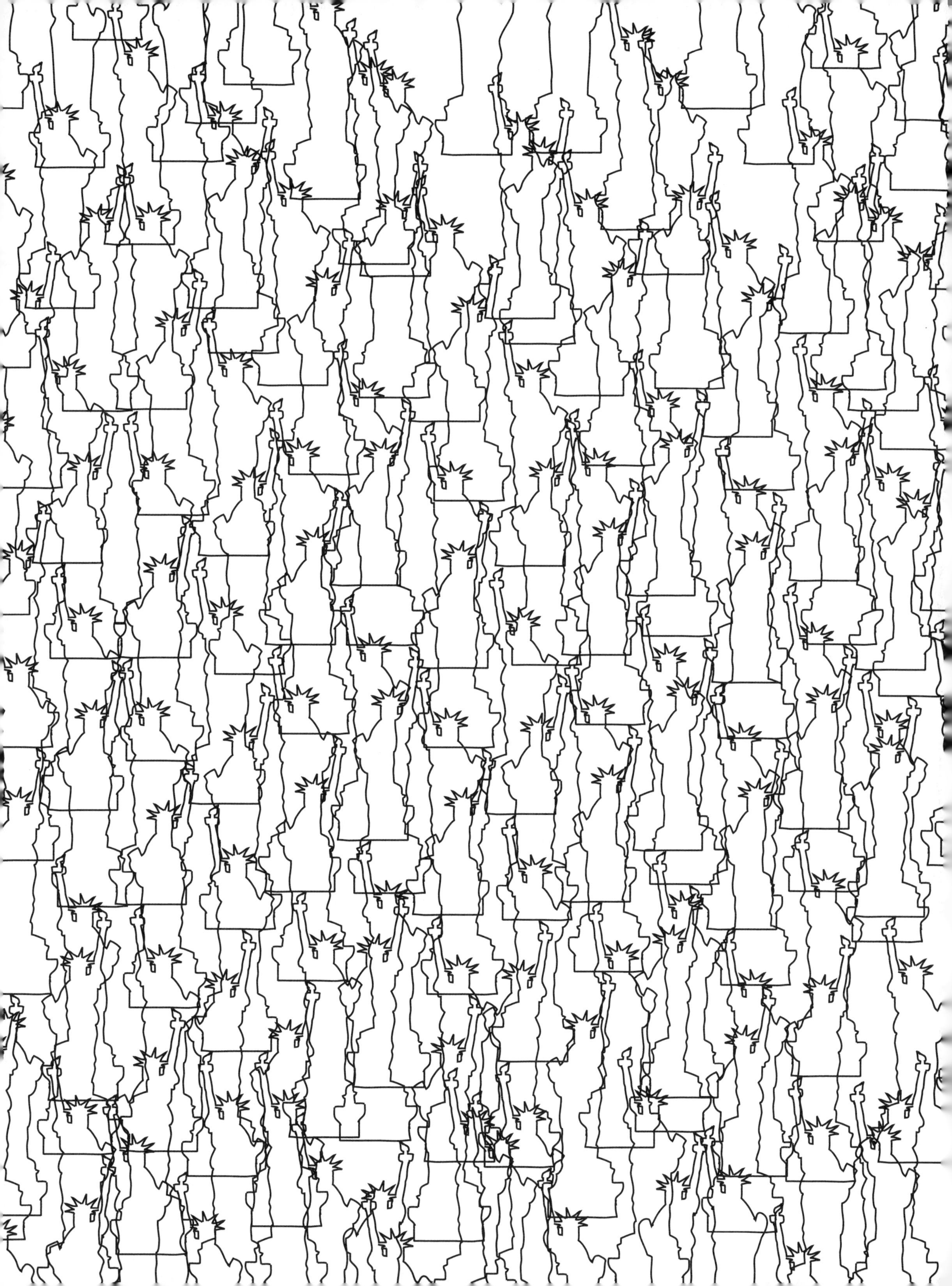

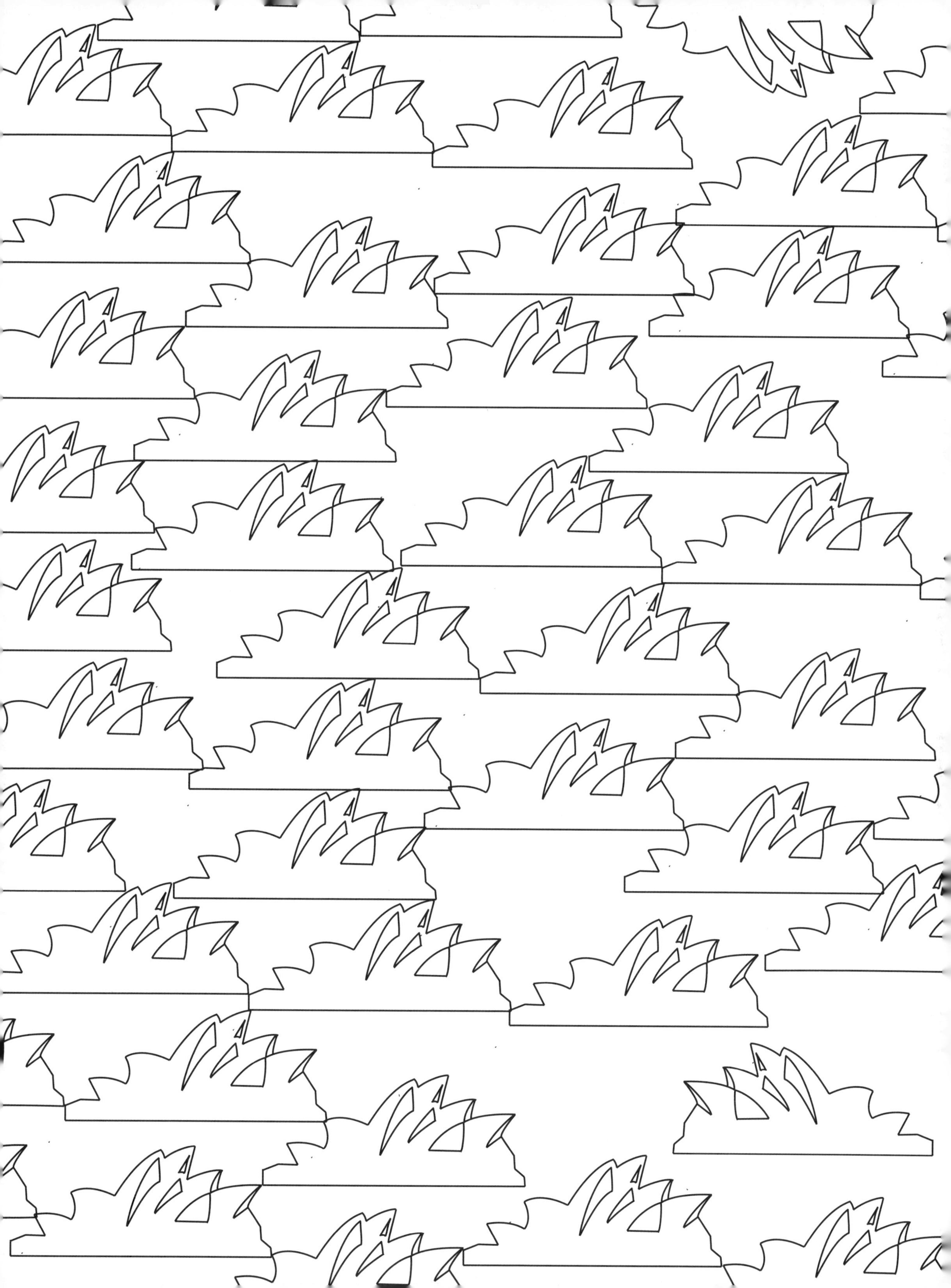

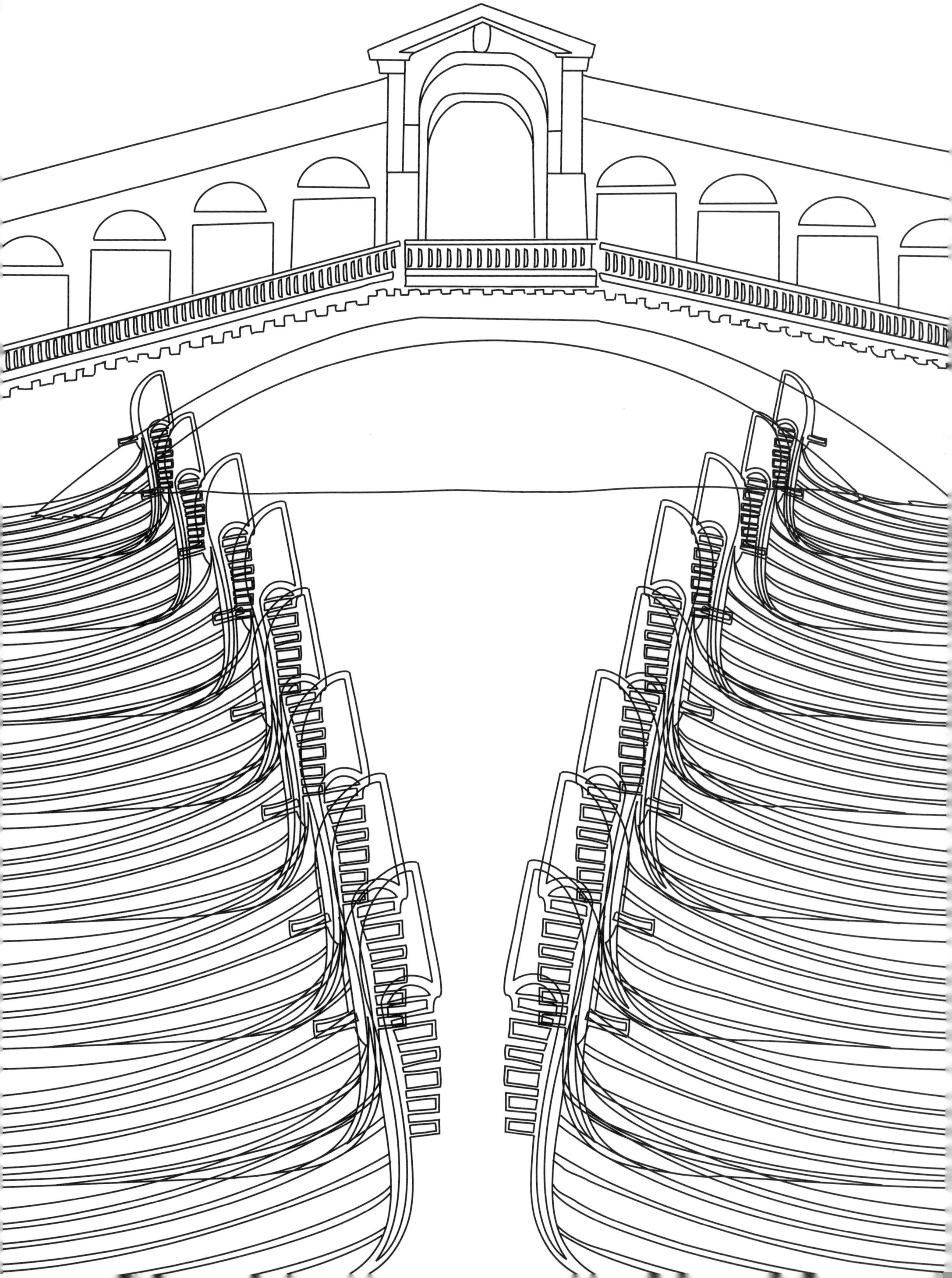

ÖSTERREICH 100
37
500
POSTE ITALIANE
10 CENTESIMI 10
6Kč
ČESKÁ REPUBLIKA
3 DM DEUTSCHE POST
Martin Luther King Jr.
Black Heritage USA 15c
2.50 ESC.
PORTUGAL
1 POSTAGE
ONE PENNY
TOGO
1966
ПОЧТА СССР 16 К
МОНРЕАЛЬ
MONTREAL
ЛЕНИНГРАД
LENINGRAD
NEDERLAND
4 CENT
Mauritius
Rs8
L.H. BAEKELAND · 1863 · 1944
2F + 50c
BELGIQUE
BELGIË
1 POSTAGE
ONE PENNY
POSTAGE
POSTAGE
2 TWO CENTS 2
1 POSTAGE
ONE PENNY
FUERSTENTUM
5
LIECHTENSTEIN
RF
POSTES
1F50
PARIS
1937
15 CONGRES INTERNATIONAL DES CHEMINS DE FER
5Dh
POSTAGE
AJMAN

وما بكم من نعمة فمن الله

NORGE 60

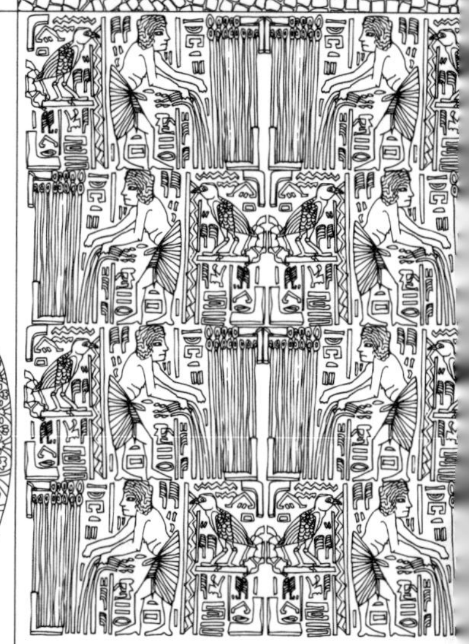

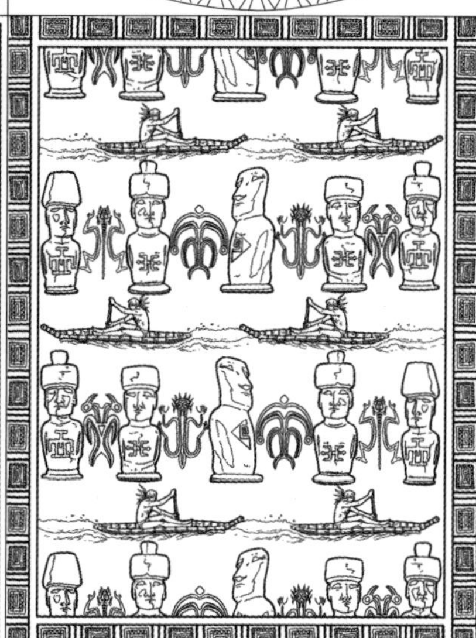

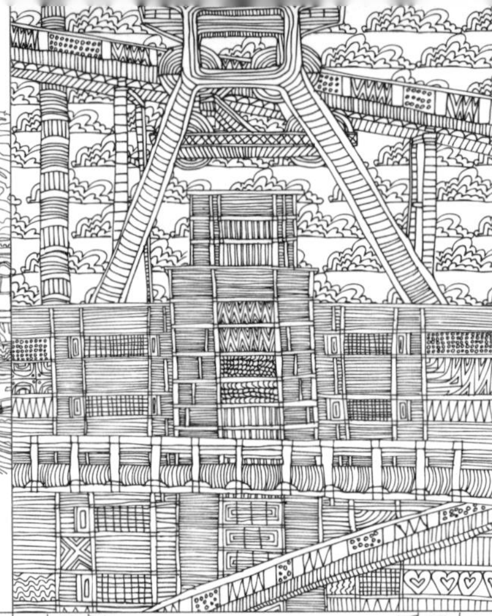

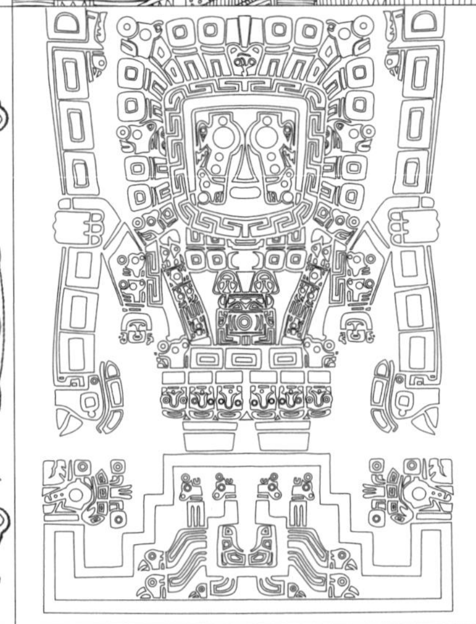

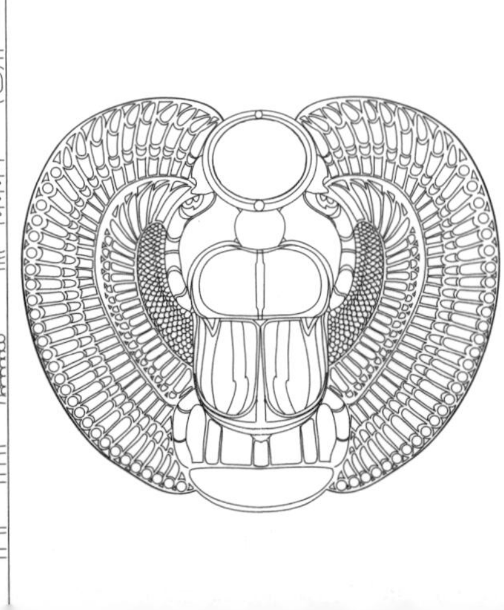

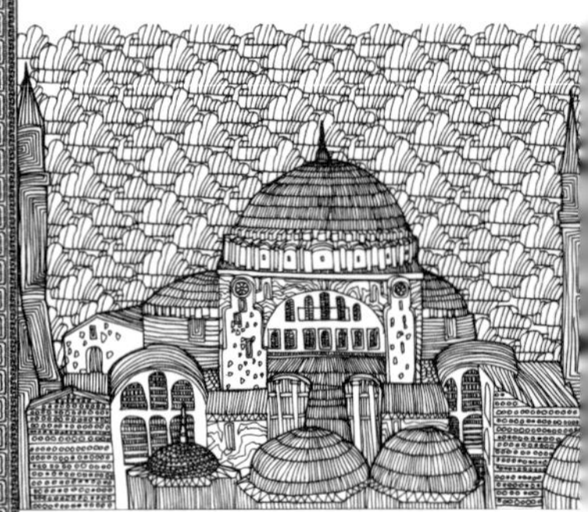

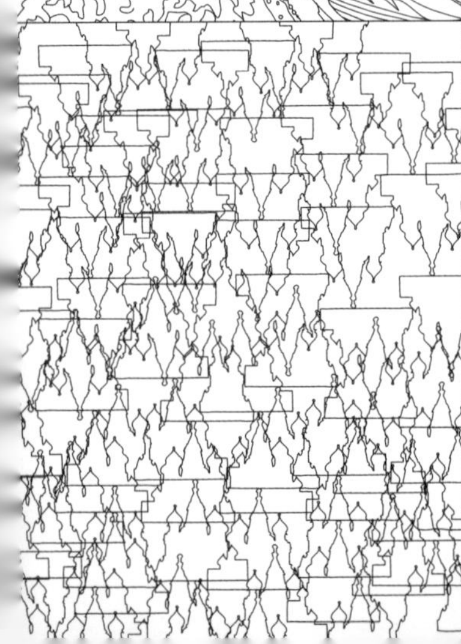